소란이 소란하지 않은 계절

이경선 시집

꽃

가을

눈

여름

시인의 말

배경은 초록일까?

초록은 아름답다 살아있다 여름이다 기쁨이고 슬픔이다 찰나였다.

초록색 크레파스가 부러진 적 있다.

원하지 않는 건 꼭 삶의 일부가 되었다.

캔버스에 숲을 그렸다.

이경선

꽃

소녀

당신은 소녀 같아라
머리 희끗하여도 눈주름 깊어지어도
날 부른 소리 때로 헛헛하여도
당신은 오늘도 소녀 같아라

화사한 봄볕과 봉긋한 꽃무리
지천의 설렘 감추지 못했을
수줍은 소녀가
때의 당신보다도 자란 청년을 낳았구나

다 자란 청년 잉태하야
시절의 모습 온 데 없다 하였으나
무구한 심정 당신께 있으니
당신은 아직 소녀인 것이라

소녀에게 줄 꽃 한 송이 예 있다
탐스런 것 제쳐두고
멀리까정 들고 온 것이다
여기 새하얀 메밀꽃 있다

나의 소녀, 당신은 오래고 행복만 하여라

연애편지

밤하늘 은하수가 하얗게 피었다

너울지는 밤바다에서
단 하나 떠오른 것은
당신이란 별
점멸과 함께
개망초는 꽃대를 올렸다

반딧불이 재잘재잘
속삭이는 거리에서
머나먼 은하수 타고 온 노래
밤하늘에 울리는
투명한 연가戀歌

소년이 소녀에게
써 내려간 문장엔 마침표가 없다
밤은 온통 수군거리고
발그레 번지는 꽃내음
깜빡이는 소녀의 눈동자

소년은 소녀의 꽃말을 흐르고 있었다

소란이 소란하지 않은 계절

입하가 지난 지 오래지만
여름은 오늘에서야 온 것만 같고
절기 중 아홉 번째라는 망종은 어제였다고 한다

영월의 논밭은 모내기가 한창이라 했다
완연한 여름이 반갑다 하고
무렵의 공기는 사뭇 무겁다고도 했다

뒷산의 언덕을 오르는 길엔
들숨의 무게에 숨이 덜컥 차오르기도 했다

거리의 소란은 옛날과 같았다
무거운 숨이 오가는 계절에도 소란은 일렁였다

어린 생명이 있다,
여름의 무거운 숨으로부터 태어나
산달 체중이 사 킬로나 되었다는 이야기를 들었다

소서의 아이는
어미의 태胎로부터 오랜 소란을 불러왔다

태중으로부터의 환희
우량아를 품어낸 어미의 두 팔은
들썩이는 소란을 오늘도 잠잠히 감아내고 있었다

소란이 소란하지 않은 계절이다

여름이 왔다
망종은 어제였다 하고 이내 초복이 온다 한다
초복이 오는 날엔
당신과 멀건 백숙 한 그릇 먹고 싶다고 생각했다

철쭉과 누이

철쭉은 누이를 닮았다

오망가지 색옷을 입고
잘난 체하고 있다

저마다의 품새 아름답다 하여
어깨는 봉긋 입술은 방긋 섰다

누이는 곧잘 잘난 척을 했다
철쭉을 보니 그럴 법도 하다 싶다

붉은빛 철쭉 무리에
시집가던 날 누이의 모습이 겹쳤다

연지 곤지 찍은
사뭇 어여쁜 누이의 모양새가 보였다

"어메, 철쭉이 참 곱소
누이는 잘 있을랑가?"

"그럼, 잘 있제, 연락 한 번 없으니"

철쭉이 저무는 날이면
나도 어메도 훌쩍 서운해질 것만 같았다

연락 닿지 않아 보지 못하는 이
이리 볼 수 있다 했건만

계절은 가고 금방 폭서 올 터이니
서운한 마음은 하나, 둘

다만 가는 계절에 실려 보낼 것이어라

오월의 모양

지난겨울은 날선 바람이 잦았고
때문인지
공중에 걸린 해가 일찍도 졌다

오월이라 초록의 바람 불어오니
넉넉하여
공중의 해는 곧잘 게으름을 피웠다

집으로 가는 길엔 다홍빛이 돌았다
사뭇 느린 걸음 걸어낼
정겨운 계절이라 생각하고

창밖의 녹음과
지저귀는 새소리와
창틀에 내린 기다란 볕이 아름답기도 했다

물안개 무성한 오월이면 좋겠다
나의 여인 좋아라 할 청풍호
그윽한 모양새 입었으면 좋겠다

가무다방

엄마 처녀 적 명동
단골집 다방 창가는
엄마 따라 나이를 먹었다

나무창은 곳곳이 상처투성이
지나온 세월
엄마 손 잡힌 것만치 많다

모진 풍파 견뎌 지켜왔나 보다
엄마처럼
오랜 동무 위해 기다렸나 보다

맛이 옛적과 같다고
식기도 그날 고것이라고
엄마는 환히 웃고 덩달아 나도 웃었다

삐거덕 창문도 웃고
너머 산들바람은
한가롭기만 하다

창 아래 괭이 저 작은 몸도

다 자라 새끼 밸 때 있겠다

그날도 바람 불면 좋겠다
삐거덕 소리 들려오면 좋겠다

노인과 아카시아

노년의 걸음이 두 줄로 곧다
맞잡은 두 손은
언덕배기 겹 이은 밧줄만큼이나
단단하다

언덕엔 아카시아가 한창이다
오랜 여인 좋아라 할 꽃이라 했다
가는 걸음이 천근이라도
오는 걸음은 가벼울 테다

"이보게, 여보
아카시아꽃 피었구려."

"은은한 향이 참 좋아,
당신을 닮은 것도 같소."

꽃내음 섞인 말씨에
여인은 방긋 웃어 보였다
노인은 여인을 부르기를 때로
꽃이라 하였단다

아름다워라
인생은 두 줄 걸음이니
맞잡을 손 하나 있어
정情어린 꽃내음 나눌 수 있다면

무엇 더 바랄 것 있겠는가?

마음의 정원

베란다 앞 정원에는 꽃말이 한창이다
어머니의 작은 정원
베란다엔 첫사랑과 끝사랑이 함께이다
꽃을 보노라면 닮아갈까
나의 첫사랑 끝사랑 될까

정원에 피운 꽃 하나는
아파트 밑 화단서 데려온 씨고
하나는 앞 화원서 사 온 씨다
어느 날엔 씨 하나 날아들어 화분에 앉았더니
이는 나무가 되어 자랐다

마음의 일은 어찌 알 수 없는 고로
마음이 오는 일과 뿌리내리는 일
자라는 일 모두 놓아둘 것이었다
어쩌면 산바람 불어와
새순 하나 움틀지도 모를 일이다

야제조夜啼鳥

별 하나 곧은 밤 고개를 든다
별 너머 낯선 소리에 귀를 세운다
어린 새 날아들어 부리를 벌리고서 있다
해 든 날 울어대는 종이건만
밤중의 울음 터트려내었으니
별일이라 생각하다 귀 모아 들어낸다

별 하나 나리고
곧았던 밤은 별 따라 기울어지고
창밖의 목청도 조막이 내려앉을 무렵
창가의 검은 고개 또한 곤히 저물어갔다

태백선 폐철길

태백의 마을엔 낡은 철로 두 줄로 뉘었고
오가는 바람에 인사하는 긴 목의 허수아비도 있다

참새는 허수아비 제 동무인 양
어깨에 앉아 부리를 쪼고
날개 벌려 등 쓰다듬기도 하였다

철길 뒤론 작은 텃밭 하나가 있어
파종하던 노파에게로 갔다

노파는 제 고향이라 하고
소싯적 읍내와 마을 잇던 철로라 했다

남은 동무라 이뿐이라 하고
철로의 터 당신 자리인 양 살피었다 했다

철로는 굽이굽이 모양 바꿔 뉘었고
노파는 매일 텃밭으로 철길로

태백 마을 산들바람 한가롭고
금계국 노란 무리 철길에 자랐다

시절의 산록

푸른빛 일렁이던
누이 손잡고 놀던 산록의 거리

이름 모를 가재와 송사리 살던
신이 나 개울가 물장구치던
뙤약볕 마냥 좋았을 때에

건너편 미소 짓던
까만 머리칼 곱디곱던
젊은 날의 여인 머무는 곳

한 생에 사무칠 적
그날엔 채 알지 못하여서
별 따라 맑을 뿐이었더라

마음 밭 한편엔 고것이 어려
메마른 삶에 한 줌의 생명 되었더니

생명과 사랑 나의 먼 고향
노니는 산록을 본다

꽃신

시장서 할매 맴돌던
꽃신 장수 매화, 백합 수놓던
꽃신 가게

꽃신이었겠다, 울 할매
봄, 여름 꽃망울 따라
봉긋하였겠다

길 따라 고갤 넘어가는 중
붉은 철쭉 저 자태 뽐내고

넘어가는 걸음이 사뭇
느리길 바란 것은
여기 지나는 시절 때문이고

지나도 저 따라 곱기만을
바라기도 하였다

삐죽 든 앞코 봉긋한 자태
저 시절 노래하고
활짝 오른 젊음은 향긋도 하여

발그레 꽃신 신고 뛰어본다
걸음이 사뭇 가볍기도 하다

매화 꽃피울 적에

어미는 서울로 간다고 했다
가야만 한다고 말했다

아이는, 다섯 남짓의 아이는
엄니 따라 서울 간다 했다

어미는 아이를 달래고
멀리 발 한 짝 지주목 삼아
매화 한 그루 심었다

서울 길 나설 제
아이는 흙바닥서 발버둥을 치었다

두발 동동 어미 가는 길
쥐똥 같은 눈물 뚝뚝 흘리었다

해 지나 지주목 내리고
매화는 가지마다 꽃을 피웠다
담 너머 어미 온 날 있다

아이는 펑펑 울었단다

어미도 눈물을 쏟았다

매화 잎 마당서 춤추고
별빛은 처마 끝 나란히 섰다

당신의 자취

붉게 성긴 구름
타들어가는 모양으로
기우는 것은
당신에게 내가
쏟아지는 일과 다르지 않다

가지 끝 걸린 채로
시끄럽게 죽어간 매미처럼
뱉어내지 못한 마음도
낙조 앞에 침묵으로 소란하다

불타는 등선과
숨죽인 신음은 모두
사랑의 자취를 띠고 있다

꿈길

너에게 간다

버스에서 나는 웃음을 짓고 있다

무슨 좋은 일이 있는 것도 아닌데

너는 나를 반겨 안을 것이다

나도 너를 힘껏 안아볼 것이다

달을 반쯤 닮은 눈가에서

봉오리 활짝 피워볼 것이다

너에게로 가는 길

나는 꿈을 꾼다

목소리

이것은 사실일까,
밤하늘에서 도롱뇽의 눈처럼 반짝이는 것이

사랑을 깨닫는 것이
구부정한 어둠 속에서 고요의 이름을 부르는 일이

가능한 것인지, 사실인지에 대해
묻고
에메랄드처럼 언젠가의 슬픔을 닫으면서
파랗게 떠오르는 것이 있고

오래된 수풀처럼 엉키어서는
뒤꿈치를 탁탁 치는 것들, 빛은 부딪히며 반짝이고
할 수 있는 건
마주 보는 일, 두려움을 피하지 않고 바라보는 일

도롱뇽의 눈처럼 깊이 나는 숨을 말아 올리고서
다듬고 깎다가
여름을 마주 앉아서는

미지의 우주로, 저편의 생명에게로 간다

보석 같은 눈망울이 떠오르고
밤하늘은 처음처럼 반짝이고
끊어져도 다시 이어지는
영원의 푸른빛

에메랄드
적막한 도롱뇽의 숲에서
우주는 거짓처럼 태연하고
태어난 사랑

한 줄기가, 사실처럼 밤하늘을 흐르고 있었다

홍매화

붉은 꽃 피운
겨우내 뭉근하였을
연정

가지마다 잔설도
봄바람에 흩어지고

저 마음만 붉게
요동치고 있어라!

가을

계절감

엄마는 제법 늦은 가을
어디쯤

낙엽이 속속 날리고 있는
가을의 채색

숨죽여 누운 것들 위로
반쯤 언 달 조각이 빛나고

사이로 내린 그림자는
엄마의 마디
엄마의 손가락 서넛쯤
옅은 떨림 같은

늘어진 길목에는
끊어진 마디처럼
정처 없는 그리움이 있고

고것들 속속 줍고 나면
간밤의 떨림이 가실까
그림자 한 뼘은 걷힐까

가을을 걷고 있다
마르고 얼어있는 것들을
엄마의 가을을 사랑해서

늦은 가을 어디쯤, 끌어안고 있다

옹기공장

밤하늘을 유영하고 있다
노를 젓는 일이 허망할 때쯤
툭,
떨어지는 별
발끝이 노랗게 물든다

낯선 밤 동구에선
아버지의 옹기가 발에 챈다
진흙이 익숙한 삶이어서
진흙으로 묻힌
당신

어린 두 눈엔
옹기의 구수함만 보였는데
오늘 나는
마른 옹기처럼
갈라진 당신의 손을 본다

철없이 흘러간
텅 빈 공장에서
차 한 잔을 든다, 김이 모락모락 피는

오래 코끝이 시린

이따금 유영을 던져놓고
나는 동구의 별처럼 노랗게 서 있다

누이에게

혼인을 앞둔 누이에게
주고픈 것 있어
서툰 손을 종일 꼼지락대었다

아마亞麻의 실 엮어 한 장의 천 뉘이고
누이 좋아할 백합 자수 새겨넣고
꽃말 따라 살길 기도하였다

누이의 지아비도 또한
그러하길 바람에
신혼집엔 같은 종의 묘목 하나 선물하련다

산꽃이라 금세 질 터이고
주고픈 마음 오랜 것이어서
오랠 자수와 묘목으로 정하였다

혼인은 손 없는 날
곧 추분 지나 길일로 정했더랬다

혼인을 앞둔 누이의 얼굴은
발그레 상기된 채 여름을 나고 있다

누이는 어떤 얼굴을 할까
무뚝한 오라비의 선물에 누이는 무어라 말할까
가히 기뻐할 상이면 좋으렷다

오 남매

낡은 초가 넉넉지 않은 살림살이
오 남매 배곯던 날이 많았다

먼젓번 집 나간 아우 놈
잘 살고 있느냐고 답 없는 물음을 전하고
누이들 버리고 괜찮더냐고 호통도 치었다

두 살배기 막내 옷소매 마를 날 없고
누이들 챙기던 손 또한 마를 날 없다

아홉 살 누이는 시집갈까 하고
나는 아니 될 말이다 잡아떼고
열셋 누이는 서울로 식모살이 갈까
꼬막손을 꼬깃거리곤 했다

식모살이하러 훌쩍 서울 간 날 있다
어린 누이도 언니 따라 서울로 갔다
고향 두고 다들 서울로 서울로…

서울서 누이들 돈 봉투 보내온 적 있다
차마 쓰지도 버리지도 못하였으니

어버이는 눈물 훔치다 밤을 새우셨다

타향살이 심정은 오죽할까,
누이들 하나둘 괜스레 마음에 걸리고
허연 달무리 밤하늘 수놓던 때

풀벌레 소리, 막내 울음소리 번지고
마당엔 개망초 하나 다 자라 꽃을 피웠다

처서 안부

처서라 했습니다 가을에 대해 물었습니다만 답은 오지 않았습니다 오늘은 아직 여름이 한창이고 장마는 이름만큼이나 길고도 먼 길을 지나는 중입니다 여름을 보내는 일이 서럽고 가을을 맞는 일은 처연하다 생각도 합니다 여름내 웃자란 억새에 손을 베인 일이 있습니다 베인 자리는 자욱으로 남아 끝내 털어내지 못했습니다 자욱을 서성이다 또 하루 살아내었습니다 차오르던 숨이 내려앉을 무렵 늦은 밥을 지어 먹다 창밖으로 먼 시선을 오래도 두었습니다 불어온 바람이 반갑다 생각도 하고 장마가 길 따라가고 나면 곧 가을이 올 것이라고 생각도 해보았습니다 그런 날엔 창 너머 뭇 마음들이 못내 살갑게도 와주기를 바랐습니다

노모의 녘

길목은 가깝고도 멀다
상심한 햇살이 웅크리고
낙조도 더는 붉지 않은
녘, 길목은
목이 굽은 노모처럼 메말라 있다

희뿌연 것들이 먼지처럼 날렸다
지층이 껍질을 벗듯이
각질이 분분한
무채색의 사월에서
철쭉은 바닥만 보고 있다

노모의 한숨도 불씨를 감췄다
텅 빈 햇살만 고목을 쫀다
녘에서
먼지를 들쓴 채로 나는 서 있다

바람이 불어

바람은 나를
여인에게 던져다 주어

새하얀 소복 여인의 얼굴은
머리 위
달덩일 닮아있다

하얀 것은 뿌리부터 달랐다
지난겨울 캐낸 무가 그랬고
밤하늘 캐낼 빛들도 그랬다

여인의 얼굴도
저 닮아 다른 모양새다
저 자태 이루 본 적 없어

형언할 수 없을
지독히도 하얀 것이다

멀뚱 던져진 나는
알지 못할 말들을 건네고
둥그레 두 눈만 떴다

다시 바람이, 불어오길 바랐다

남산 놀이터

한여름인데 눈발이 날렸다
엄마 손잡고 놀던
기억 속 눈밭이다

늙은 엄마 업고 오니
터엔 무성한 잡초만 자랐다

안주머니 사진 속
가뭇한 엄마의 청춘과
내 유년 시절이 있다

멀리 눈 감은 하늘
다시 흰 눈이 푹푹 나린다

순백의 거리에서
눈송이 하나 집어도 본다
보드란 것이 곱기도 하다

저 여인도 곱다
까만 머리칼 찰랑이고
하얀 얼굴엔 빗금 한 점 없다

너머의 눈발은 오늘도
오늘도… 날리고
나는 계절을 걷고 있다

장터와 장닭

벅적벅적 장터의 기운 좋아하여
때없이 장터를 들르곤 하였다

하루는 부침개 굽는 소리
맛있다 하여 부침개 몇 장을 사고

지난밤엔 솔솔 불어오는 냄새에 홀려
치킨 한 봉지를 샀다

다리가 삐쩍 마른 것이
장닭은 아니거니 생각하였다
값싼 것이었으니 되었다 했다

주름살 이고 앉은 노부에게
닭다리 내어주고
마른 것이나 맛은 날 것이라 했다

한 입 베어 무니 경쾌한 소리가 났다
잘 튀기어지었구나 생각도 하고

남은 다리 한쪽 노부에게 건넬 새

네 처妻 주라며 훠훠 손을 저으셨다

오지도 않을 처妻 보고 어찌 주노라며
퍼뜩 맹글어 오라는 노부의 넋두리인 줄 알았다

밤송이

추분 지나 밤송이
산비탈 뒹굴고
동무와 나 하나둘 주워본다

꼭 먹을 만큼 줍기로 한
약속은 잊고
한 움큼 밤송이를 턱까지 품었다

가시는 삐죽 솟아
옷가지 위로 튀어나온 것들이 많았다

뒤뚱뒤뚱 걸었다
팔뚝엔 잔 상처가 많고
풀뿌리 걸릴 땐 와락 쏟을 뻔도 했다

발아래 지켜보다,
움켜쥔 것들을 생각했다
시절의 마음 또한 그러했겠다

꽉 쥐려 했던 것은 꼭 탈이 났다
저 밤송이도 제 마음도 그랬다

털털 굴러가는 밤송이를 본다
마음도 가벼이 걸음을 뗀다

갈바람 불면

바스락바스락 소리가
귓가에 불그레 맺혔다

갈바람 단풍을 실어다 주어
봉긋이 맺히는 것들이 많다
엄마의 사랑과 추억과 그리움 같은 것들

처녀 적 경리를 하셨단 얘기
옆자리 고3 소녀가 훌쩍 커
아이 둘 낳았단 얘기

소나무 베다,
경찰서 잡혀갔단 얘기
넉넉한 인심이라 풀려났단 얘기

엄마는 훌쩍 코를 먹었는데
오가는 갈바람 때문인지
봉긋한 이름들 때문인지

2:3:2 황금비 다방커피
역사를 들으며

지난해 을지로의 한 다방을 기억하고

쌍화차 몽글한 노른자위 터지면
울어도 볼까 생각도 했다

갈바람 불면, 엄마도 소녀였다

용돈

어릴 적 식탁엔 천 원 한 장 있어
친구 불러 하루를 놀았다

서툰 글도 가끔 거기 있었다
악필이나 읽는 바 다르지 않았다

해질녘 부르는 소리에
종종걸음을 했다, 집으로 향했다

저 품 안길 때면 겨울도 봄인 듯
열 살 세상 가장 포근한 자리였다

시절의 온기 꼭 다시 볼까
해질녘의 소리, 엄마의 품, 꼬부랑글씨

내일엔 엄마 보러 가야지
정거장 아랫말 감나무 하나 선 집에

갈 적엔 봉투 하나 챙겨야겠다
엄마 줄 소복한 것 꼬깃 쥐고 가야겠다

엄마 따라 서툰 글도 한 장 넣어보련다

선로線路

먼지를 뒤집어쓴 채로
벌판에서 자란 선로

녹슨 기적 소리 멀리서
쓸쓸한 바람을 타고 달려온다

특별한 병명이 없이도 서걱이는
엔진을 부여잡은 채로

낙조가 지고 어둠이 깔린 벌판으로 왔다
티 없이 맑아 슬픈 풀벌레 소리
선로에 번지고

어디쯤 맺힌 기다란 숨을
바라보는 눈가에도 망울이 진다

기적 너머에는
멀건 백숙 냄새, 엄마의 등을 닮은

역사도 없는 선로에는
달빛이 마냥 희다

동짓날

밤이 길어 설운 날엔
그릇을 비우고 또 비웠다
팥알 후후 불어 먹고
때론 채 삼키지 못했다

배 볼록하여 누울 적엔
설움도 못 이겨
폭 잠들곤 했다

마당의 나목은 계절의 매화라
긴 밤 가고 샛바람 불면
살찌고 꽃피운다 했다
무렵 오라비도 온다 했다

산골의 밤은 유독 까매
작은 별도 환하고
누워 고것 하나둘 세어본 적 있다

별들 다 세면
오라비 온다던 그 말을 못 잊어
못 잊어,

밤이면 꼬박 하늘을 세었다

저 꼬막손 마른 가지 같아
멀리서 오라비 눈물을 훔치고
짧은 소맷단 둘 적신 밤이 많다

오누이 걸린 하늘엔
봄도 아닌데 꽃이 피었다

야경

바람을 바라보고 있다
지나간
여인의 향기가
묻어있단 생각에서 일까
무너진 성벽에서
왕국의 흔적을 찾듯이
남자는
얼굴 없는 바람에게
중얼거리면서
반쯤 눈을 감고서
비밀처럼 삐죽
입술을 내밀고서
있다
공기의 축축함이
바람 때문이라고
생각하면서
두 손을 모으고서
묻힌 왕궁의
종소리와
마차의 발굽소리를
생각하면서

중얼거리면서

밤이면 어디선가
떨어지는
빛무리
엉킨 실오라기들

남자는
양탄자를 짓고

은하수
궤적을 좇는다

눈

복도와 고양이

어둠에 앉은 고양이를 봐

가느다란 눈을 뜨고
눈 밑은 거뭇
스며든 어둠이
잠식해가는 과정에서는

짧은 울음도 멀리까지 번졌다
눈짓만큼이나 가느다란 목청을 울면서
목에 자란 물풀을
한껏 움켜쥐면서

울고 또 우는데
어둠에서 버티고 있는
파란 거울과
언 수도꼭지

한여름인데
녹지 않는 것들이 있어
눈물이 그래
발짓도

고양이의 솜털도

온통 햇살인데
차마
들어오지 못한, 냉기만 자라는
까만 복도에서

웅크린 고양이 한 마리
이곳까지 닿는 작은 울음소리

돌아앉아서 나는
고양이를 봐,
한참을 어둠과 마주 앉아서는

손톱을 짧게 말아 올리고서

밤새 촌스러운 것들

밤하늘이 연기처럼 자란다 한참을 휘청거리는데 그게 무언지 기억 못 할 이름 휘갈겨본다 선은 사방으로 튀었다 벌컥벌컥 들이켜다 털썩 주저앉은 타다 마른 갈색 위스키병처럼

모로 가도 된다는 말은 쉽게 통용되어선 안 된다 밤이 아니어도 길은 잘 보이지 않고 모로 가기엔 무덤처럼 숨죽인 사연이 많다

방문을 열면 의자가 있고 거울이 있고 여인이 있는데 날것의 몸짓으로 여인은 빨갛게 분칠을 하고 있다 뿌연 기억 어디쯤에서 낯선 가구의 형태, 삐죽한 머리칼, 말씨, 밤새 촌스러운 것들

더는 날지 못해 바닥으로만 고꾸라지는, 추적자도 없이 쫓기는 이 한참을 내달리고, 눈가엔 굽은 하늘만 삐걱삐걱

마른 위스키병, 무취의 안부, 휘청거리던 죽지, 을씨년스러운 반쪽

반쯤 굽은 채로 오래, 기억 못 할 장면을 서성였다

을지로의 만선滿船

옛 공장 거리 을지로
청춘의 녹음이 자란다

대서의 때라 삼십 도를 웃도는데
무슨 좋은 일이 있어
웃음을 청춘은 피워내고 있나

청춘은 뙤약볕 먹고 자랐다
산록은 더욱 무성할 게다

동무와 나는 골목 끝 앉아
노가리 한 점 욱여넣고
엎드린 대가리와
얼굴을 번갈아 보았다

이 메마른 자를 위해
구태여 쓴 물로 목을 축이고
동무와 나와 노가리
주름진 얼굴 셋 취해 걸었다

청춘은 만선滿船에 올랐다

청청한 항해 시작될 게다

한 시절 연하고 창창한 것
밤하늘 별인가, 고갤 들었다

먼 시절의 만선滿船
어디인가, 고개는 항적에 섰다

북두칠성

쏟아지듯 창가에 걸려 있다

한 떨기 복숭아꽃처럼
여인의 볼때기처럼 소복한, 달빛

별 하나, 별 둘, 별 일곱쯤 태어나는 별자리들
앞다투어 빛나려는 몸짓들

지난밤 머금던 술잔처럼 맑게 떠오르는 것들

이어지는 모양은 한 마리의 페가수스
꼬리를 세운 전갈
훌쩍 날아가는 새

가끔은 별똥별, 길을 잃고 떨어진 자리에서는
빈방이 생기고

한숨을 한 국자 크게 떠서는 부었다
다시 한번 채워지는
빛무리, 악사들, 곧이어 피어나는 재잘거림

한밤의 이야기를 떠올리면서
죽은 별에서도 먼지 한 톨쯤, 살아 있을 거라고
생각하면서

북두칠성
마주치는 생명의 음표

밤하늘이 끓어오른다 빛이 태어나고

무리 지어 날아가는 새 떼가 있다

소녀의 춤사위

소녀들 강강술래 추던 밤 있다
밤 지나면 순사 온다 하고
때엔 못 출 춤 오래고 춰보았다

순사는 공고문을 읽었다
'급사給仕로 취업하라'
소녀들 미혹하였다

어버이, 아우 두고 먼 길 떠났다
출렁이는 어깨 위 보따리 이고
집을 나섰다

더는 소녀의 춤사위 보지 못했다
까만 밤 순백의 날갯짓
한 해, 두 해 지나도 날지 못했다

동생들 언니를 기다려 꼬막손 빨고
생사도 몰라 어버인 눈물로 사셨다

반백 년 지나서 왔다
얼룩진 소녀상 되어왔다

소녀의 춤사위 언제나 볼까
그날엔…
저 하늘 만월이 그득하겠다

배우로 산다

"레디, 액션, 컷!"

티브이 배우가 낯설지 않다
외치는 얼굴이 많다

쓸 적엔 효자인 척을 했다
생전 않던 여 소식 전하고
익숙한 양 너스레를 떨었다

효자 명패 달린 새 얼굴을 썼다
고것이 나인 것만 같았다

새 얼굴을 쓰는 일은 때로
나의 상실이거니와
너의 상실이기도 했다

뒤집어쓴 얼굴을 알 리 없었다
진짜가 무언지 보일 리 없었다

얼굴에는 가끔 구멍이 났다
겹겹이 새 얼굴 덧쓰기도 했다

진짜 얼굴이 무언지 알지 못한 적 있다

새 배역이 낯익고
고것 나인지 나였을지 끝내 알지 못한 적 있다

외부차량 주차금지

현대인은 금지당하는 것이 많아
현대인이라면 지당
해야 할 일과 하지 말아야 할 일을 알아야만 하지

[외부차량 주차금지] 팻말이 서 있다
금지하려 하는 것은 [주차]라면서
텅 빈 공간은 기척이 없다
지난밤 개 한 마리가 구석에서 죽은 채 발견되었다
벽 틈 얼굴을 박고 죽어있었다

밤이 걷히지 않는 자리가 있다
밤새 검고 검은 밤이 연속되어 갇혔다
기척도 없이 마른 벽은
허공으로 묻혔다

눈 밑이 움푹 파인 사내는
무덤 하나 얼굴에 이고 살았다
그림자가 섰다
굵어지는 힘줄과 끊어지는 신음

[금지]

앓는 지병이 많다, 지당 젊어진 것이 많다
제법 낯선 눈길로 도시를 내려다보는
사내의 목숨에는

무형 문화재 제0호 팻말이 붙었다
그림자는 집에서 자랐다

임진강의 곡哭

굽이굽이 임진강은 흐르는데
이 몸 어찌 제 갈 길 모르고

함경도가 발원지란 이 물은
남북의 경계 없어 부단히도 흐르는데
이 몸은 어찌할 바 없어 슬피 운다

강 건너 고라니도 대차게 울었다
허다한 슬픔이요,
그리움이겠다

저 멀리 낚시꾼은 평화로이 낚질하고
농사꾼은 아낙네 내온 새참 맛보는데

기억 속 어버이 적보다도
허옇게 쉬어버린 눈가를 훑치고
생사 달리하리만 염원이야 같아

고랑포구 앞서 하늘에 붙이었다
포구를 오래고 떠나지 못하였다

어제의 교통상황

[사망 0, 부상 30]
사고보다 익숙한 상황판은

숫자만 덩그러니, 속을 알 수 없는
계기판보다도 기계 같은 알람

깜깜히 읽어보다
다행이란 생각을 한다 어제는 사망자가 없다

내일의 죽음도 알람이 되는지
부상의 상喪은 어디로 묻히는지 알지 못하고

어쩌면 [사망]이 낫다는 생각도 한다
어떤 삶은 죽음보다 고통스럽다기에
차라리 죽음을 택한다기에

수족을 쳐낸 도마뱀이 있다는데
항암제 수십 알을 노인은 삼켰다는데
택한 죽음은 흔쾌히 평안을 내어주는지

죽지 못해 사는, 잘 살기 위해 죽는 모순 속에서

어설픈 상처는 삶의 덜미를 질기게만 한다

[사망 1]

알람이 요란하다
또다시 걸린 목숨의 수를 세어본다

각자의 사정

사월의 벚꽃은 지천에 흐드러지다,
금세 모습을 감추었다

같은 날의 매화, 지천으로 피우길 바랐으나
저 자태 함부로 뽐내지 아니하였다

은행나무는 가로수가 되길 원치 않았으나
시월의 가로수엔 완숙한 은행이 한창이렸다

누구나 각자의 사정이 있다

기관지성 천식을 앓던 사내
숨이 가빠
마스크를 쉬이 쓰지 못하였고

자식 여럿 이고 살던 사내는
저 초가삼간 못 가
객이 없어도 문을 닫지 못하였다

열시가 넘어 거리엔 사람이 많다
어디로 갈까, 아직 불 켜진 여관으로

혹은 낯선 밤으로
갈 곳 없어 헤매는 이 많다

누구나 각자의 사정이 있다

이불갈이

계절 뒤 찬 바람 불고
장롱 속 이불을 턴다

툭툭 떨어지는 것은
먼지만이 아니다

지난밤 밤하늘 맺힌 저
빛나는 이름과
당신의
머리칼, 말씨, 투정 같은 것들이

툭툭 떨어지고
찬 하늘, 손톱달
덩그러니

뒤뜰 낙엽들 쓱쓱
바람 따라 보내

손톱달 아래 나도

혼자, 반쯤
섰다

십일월의 밤

가을이 지나는 길엔
마지막 단풍이 영글어 있어
가을밤엔
서성이는 마음이 있다

노인은, 허연 숨 피워내는 노인은
기다란 빗자루 들고
커다란 봉투 하나 메고
밤중을 걷고 있다

앞으로, 앞으로
쏟아지는 양 걸어가고
단풍도 하나둘 노인에게 쏟아지어
노인은 함빡 단풍에 들었다

봉투에도 얼굴에도
단풍이 한창이다
노인의 품엔 아직 가을이 있다

송시를 불러본다
지나온 걸음 잊지 않게

새하얀 송시 한 편 불러본다

서성이는 마음들에게
노인의 우거진 단풍들에게
노래를 바친다

잔향이 물든 십일월의 밤에
뭉근한 숨 한 톨 피워내어

대칭對稱

밤은 대칭인 줄 알았다
밤하늘과 지면이
빛과 어둠이
같은 대칭인 줄 알았다

안과 밖이 서로에게서 나고
죽음도 삶이 되듯이

반 토막 난 나무가
짧고 긴 하나의 숨을 쉬듯이
불타면 꼭 하나이듯이

밤도 그런 줄 알았다

어쩌면
밤의 호흡에서는
죽음도 하얀 것일까 해서
촘촘히 따라 걷기도 했다

밤이 대칭이라면
어디쯤 뒤엉켜있을 먼

안팎을 마주할까 하고

밤은 늘 빛을 품고 있으니

밤은 대칭인 줄로 알았다

공작새

흩날리는 깃털 사이로
꿈결같이 먼 꿈

여인의 옷가지
별똥인 양
찬란히 낙화하고

숭숭한 속살
아래로
비치는

한 철의 오로라

무덤 위로 세운
붉은 꽃대 하나

반쯤 감은 채로
피운

여인의 만화晩花

오늘도 나는 모르는 일이 많다

밤새 벅벅 긁어 피가 나곤 했다
모기 주린 배 채운 자국
깜깜한 세상 저 아랜 모기가 살고
무지한 나는 끝내 피를 보고야 말았다

아침에 눈을 떠보니
부운 자리는 서넛 곳
터진 자리가 한 곳 되었다
더할는지 모른다

저 배 채우는 일 알지 못하고
두 눈 껌뻑이던 나는
오늘도 모르는 일이 많다

일기예보를 보아도 아침부터 비를 맞았다
예정보다 버스는 일찍 정거장을 떠났다
손등 베인 상처 종일 알지 못한 적 있다
지난밤 핏자국 이부자리 문댄 적 있다

소사조차 알 길 없으니
인생사 무엇 그리 잘 알까

모로 누워 머리맡 초 하나 켠다

오늘도 모르는 일이 많던 나는
멀리 저 얼굴을 보듬고
흔들리는 촛불은 따숩기도 하다

동그라미

군더더기 없는 게 좋습니다
그건 동그란 모양이어야 합니다

쿠키를 집어 듭니다 이건 동그랗습니다
군더더기가 없습니다 (없나요?)
쿠키가 부서집니다 부스러기는 눈에 보이지 않습니다
있어도 없다고 기억할 수 있나요
이유 없이 좋아하게 되는 일도 있습니다

여러 겹의 옷을 입고 있습니다

파랑 노랑 보색은 동그란 모양을 갖습니다
모양이 없어도 있다고 합니다 콩깍지가 씌었다고 합니다
오늘도 둥근 옷을 입고 나는
군더더기가 없습니다

"군더더기가 없어야 한대"
어떤 세모는 동그란 그림자를 가졌다는 이야기를 들었습니다

네모난 쿠키를 손에 든 꼬마는 신이 나 있고
바삭! 쿠키 소리
마시멜로는 불에 구워야 제맛입니다 요리조리 돌려 보면
모양은 네모, 세모가 되고
모서리를 한 입 삼키면

하얗게
입안이 동그래질 겁니다

빗자루가 성글어

며칠 새 눈발에
사찰은 오는 길목부터 하얗게 셌다
낮은 자리로부터
동자승은 언덕을 오르고 있다

빗자루가 성글어
흩이는 눈가루가 많고
하루는 동자승 머리에도 앉았다

불모지에도 눈꽃이 피었다며
웃음을 지어 보였다

다시 언덕을 쓸었다
다른 널브러진 것들을 주워 담으면서
펑펑 부는 눈발을 새하얗게 맞으면서

극락으로 가는 길목인지
동승의 얼굴이 눈부시다

해독解毒

바람이 차가워지면 붉은 위스키를 생각한다 제법 뜨거운 것이어서 입가서부터 장기로까지 매 순간 태우 듯 어루만지던 그것이 그리워진다

모든 살아있는 것은 뜨거워서 저 온도 내려가선 안 되었기에 독주를 찾았다 여인의 달밤과 노인의 낙조처럼 한낮이 낯설지 않은 위스키도

몸서리칠 만큼 더딘 밤에는 독주를 마시는 일로 하루의 질병을 죽였다 그치지 않을 자유의 몸부림

잔이 그리워지는 밤, 앞세워 편지를 쓴다 무탈하냐고, 별일 없더냐고, 해독의 필요가 다시 왔노라고 해가 뜨고 있다 솟는 불길을 나는 감당할 자신이 없다

여름

아무렇지 않은, 여름

빗방울을 맞는 일이 익숙한
런던의 어느 노신사처럼
말쑥하게 머리를 매만지고서
오늘은 아무렇지 않다

비처럼 끓는 냄비에 김치와 고기를 썰어 넣고
졸이는 작업
밍밍한 찌개는 하루가 반이다

살아있는 것들에 대해 생각한다

의자에 턱을 괴고 앉아 있는 새
날개를 버렸다 기억나지 않아

주전자의 몸부림은 비가 되고

런던의 오래된 골목에서 한 여인을 보았다
어둠처럼 정적으로 사라져 가는

국자를 젓다 멈추고
창 너머에서는 산의 그림자가 빛도 없이 끓고 있고

버려진 우산처럼 망가진 것들은 어디에나 있었고

아이들은 새 떼와 함께
날고 있었다

가끔 비는 멀리까지 나를 데려다주었다

(살아있어)
반복되는 외침이 빗속에서 빗속으로
주전자는 말도 없이 끓고

삼키는 일이 더는 익숙지 않아서
입안에 빗물이 고인다

얼룩만 남은 자리에서
날아가는 새, 새 떼가 있고

오래
나는 비가 되고

아무렇지 않게, 여름을 걷고 있다

채석강 해변에서

바위가 층층이
인생을 걸어두고
지나는 유년과 노년을 바라보고 있다
시선은 넘나드는 파도 위로 섰다

자라는 생명에게
바위가 줄 것이라곤 지반뿐이나
때로 움튼 가지 하나는
오랜 파도에도 꺾이지 않았다

넝쿨이 되어 하나둘
저마다의 힘줄 꽉 붙들기도 했을
젊고 늙은 가지는
패각과 모래를 이고 있다
묵묵한 슬픔이자 환희 되었을 것들에게
천연의 눈물 전하고 있다

파도가 부서진 자리엔
하나의 생명이 자라
바위는 층층이
새하얀 숨결 피워내어

채석강 해변에는 제법 말간
인생이 한창이다

파도보다 높은 꽃몽오리
활짝 걸린 저 채석강 해변에는
낙화마저 아름답다

탐욕심貪慾心

"할매, 이건 얼마요?"
"삼천 원"
"어찌 그리 비쌀까, 내 좀만 깎아주소"

노점 할매는 답이 없었다
한 치의 대꾸도 없어
웃돈을 받고야 말겠다는 심산이다

안주머니 돈을 꼬깃거렸다
돈은 부족치 않았으나
삼천 원이라 탐탁지 않았다

할매 파는 호박처럼 주름진
할매의 얼굴을 보아도
채 동요치 않았다

할매 손 철 지난 사과도 자글자글하고
할매인지 사과인지
기어이 눈을 흘기고 자리를 떴다

줄지어 노점이 많고

꼬깃한 돈뭉치를 더욱 꼬깃꼬깃
움켜쥐며 걸었다

탐욕이 안주머니 꿰찼고
돈뭉치 꽉 쥔 주먹은 마냥 빠지지 않았다

생장生長

하늘서 빛무리 내리고 있었다

벽에선 나무가 자라고 있었다
뿌리를 깊이 박았는데
콘크리트 아래 어찌 내렸는지

줄기가 위로
하늘로 태양 자리까지 뻗어
내리는 빛을 먹고 있었다

뿌리가
더 깊이 박히던 소리가 있다

나는
고갤 들어

한없이 정적인 채로
두 발을 심고
손끝을 찔렀다
사지가 사방에 뻗는 걸 느꼈다

머리가 삐쭉 선 것은 기분 탓인지
키가 조금 자란 것도 같다

선술집

여름밤 선술집 창틀엔
사내의 먹먹함이 있다

늘어진 소주병과 뒤엉킨 젓가락
마주 앉은 이야기들

취하는 길은 어지러이 좋고
밤하늘 내린 별빛이 많다

반짝이는 술잔은
별빛일까
형광등의 잔 빛일까

멈칫 궁금하고
다시 술잔을 부닥친다
목구멍으로 빛알이 빛알이…

사내는 몽환을 머금고
슬픔과 위로
밤하늘 별빛으로 화化하였다

반짝이는 것은 혹 영원할까 싶고
투명한 술잔을 휘휘 저어도 보았다

여름밤 선술집 창틀엔
알알이 빛들이 쏟아진다

미싱mishin

밤하늘 빛나는 돌고래 떼

우주의 그림자에서 불타는 태양처럼
반짝이는 것들이 오고 있다

파도가 반긴다 돌고래의 눈빛이
부서지는 포말처럼 사방에 흩어지고
눈을 맞춘다
블랙홀 같은 눈망울에서
은하수가 자라고
한 방울 떠서는 입안으로 턴다

들려오는 폭죽 터지는 소리
방울들 부닥치는 소리
부닥치는 것에선 또 하나의 태양이 태어나고

충돌이 일상인 파도는 그래서 빛난다
돌고래의 등줄기를 타고 자라는 산호초가 붉고

하늘을 나는 돌고래 떼
둥근 허리를 하늘에 걸어두고

녹아내린다 허물을 벗은 몸뚱어리가 물밑으로
흐른다 넘쳐흐르면 곧 파도가 될 것이다

촘촘한 연결이 이어지고 있다

눈길

1.

눈사람이 하나둘 줄을 서 있다
아이는 코가 빨갛고
엄마는 손이
아빠는 발바닥이 그렇다

부는 바람 거세다지만
마음까지 찬 것은 아니어서
나란히 부둥켜안고 있다

서로의 붉은 자리
체온을 나누며 그렇게
서서히 녹아내리고 있다

2.

얼어붙은 입술로 나무는
노래를 불렀다
꽁꽁 언 운율처럼 눈망울도
한껏 부어있었다

깊이 내린 뿌리도 바람을 막지 못했다
많은 가지도 몸을 덥히진 못했다

지난밤 나무는
허리를 꺾었다
눈밭에 파묻힌 이마

3.

부둥켜안은 겨울이 봄으로 가고 있다

잔설이 녹으면

다시

붉은 꽃 허리에 피어나겠다

수직의 밤으로부터

밤이 수직으로 떨어지고 있다 부러진 길고양이처럼 절뚝이며 걷고 있다 서걱이는 말투가 더는 낯설지 않다 익숙한 것은 무차별해서 때로 병으로 자랐다 병명을 몰라도 증상은 같다 밤은 수직인 까닭에 나는 고갤 들지 못하고 소란한 마찰음들은 서럽기만 하다

소년의 공이 골대에 무겁게 걸쳤다 부서질 것 같아도 사실 단단한 그것은 여전히 버티고 섰다 수직의 무게가 병의 낯으로 자라는 밤, 나는 한낮의 색채를 기억하고 있다 수직이 익숙한 거리에서 나는 사선으로 섰다

꽃씨는 절벽에도 제 삶을 피웠다

덜컹덜컹 출렁이는 어깨
너머엔 낙조가 섰다

차창에 서린 것은
나와 너와, 저와 여의 울음과
날선 구두굽 같은 것들

저 붉은 꽃씨가 어디로 갈지
생각지도 못한 채로
낙조를 보내고

귓가에 울린 위로

노을이 고우니
다 털어버리자고 잘 살아내었다고

창밖엔 낙조가 피어

다행이란 생각을 한다
덜컹이는 소리가 더는 아프지 않다
여인의 구두굽도 멀리 동그라니

아물 것도 같다

찰나의 빗살에도 새 계절이 왔다
꽃씨는 절벽에도 제 삶을 피웠다

여름의 누이

여름이 누이의 손을 잡고
산골짜기 개울 따라 간다

풀도 여치도 쑥부쟁이도
활짝 피어 노랫말 풍성타

노래는 푸른빛
누이는 하얀 얼굴이다

누이는 여름과 첨벙첨벙
물장구를 치었다

물장구질 바람을 실어다 주어
때 없는 산들바람 두 뺨을 보듬고

누이는 한껏 신이 나
첨벙첨벙 머리칼 적시고

꼭 해맑아
저 노랫말 같기도 했다

여름의 누이는 하얗고
지천의 골짜긴 푸르고

개울가 넓바위 누워
노랫말 흥얼거렸다

슬쩍 비친 팔뚝엔
구름 한 점 지나고 있다

하회마을에서

하회마을엔 고택이 많고
그중 골라 하루를 묵기로 한다
작은 방을 잡고
찬찬히 짐을 챙겨 고택으로 향한다
급할 일 없어 마음이 편타
차표는 역에서 끊어도 넉넉할 참이다
가는 길 반나절이래도 개의치 않았다

논밭 어귀 집 한 채가 있다
볏짚 덮은 초가 옛 정취 물씬허다
창호지를 툭툭, 주인장 불러본다
노부인이 있다 주인의 노친이라 했다
초가의 정취, 덕분이라 생각도 하였다
방은 넉넉하였다 코끝의 냄새가 좋기도 하였다
산들바람 마루 건너 불어오니
바닥에 일자로 누웠다

새소리 가깝다 하였는데
제비 한 쌍 터를 잡았다
처마 밑 제비집은 자못 단단해도 보였다
얼키설키 얽은 흙과 짚 더미가 잘도 붙었다

누운 채 제비집 감상하던 때
가히 태평하였으니
머리맡 소주 한 병 두었다
이대로 날이 질 때엔 병을 비울 심산이었다

대봉감 이야기

주먹만 하게 토실한 것이
그리운 눈으로 나를 보고 있다
마주친 마음이 멀리 가지 못하고
멈춰서 기억으로 손짓하고 있다
선명하게 걸어든다

커다란 감나무
마당을 둘러치던 날들
가지마다 열매가, 유년이 자라던 날들

가을이면 채이듯 나뒹굴던 감들
실한 것이 대봉감이었는지 모르지만
그때 자그마한 내 손바닥을 활짝 펼쳐야만 했는데
맞잡은 두 손이 그리워서
입안 가득 채우던 그 달콤함 선명해서

바스락, 추억처럼 정겨운 소리
이불 아래 대봉감 뒤척이는 소리

한입 아싹 베어 물면
달콤한 온기 밤하늘 번지고

다섯 살 아이마냥 토실해진 두 볼에
먼- 유년도 토실토실 살이 찐다

손바닥을 펼치면, 가을이 흠뻑 쏟아진다

시인의 언덕

인왕산 시선을 두고
발아랜 눈물이 맺혔다
이다지도 욕될* 저 심정이다

울먹이는 창맵 삼키고
덜렁이는 발목 부여잡고
산을 올랐다, 언덕 지나
심은 눈물이 많다

저 치욕 누 알까
저 만세 삼창엔 뿌리가 없다

먹먹한 실음失音
사내의 외침은 속으로 굽어
묵은 해 똬릴 틀었다

두 발을 언덕 위 심고
아래로··· 아래로 걸어든다*
은하수 유성이 날고
저 눈물 녹아들 것을 안다

두 발이 뿌리를 내렸다
만고의 소나무 발아래 자랐다

시인의 창唱, 언덕서 불어온다

*윤동주 시인의 시 〈참회록〉 1연, 5연에서 인용.

색채

눈뜨는 일은 가끔 거추장스럽다

눈은 전부였는데
그는 의심스럽다

닫고 나면 더 밝을 거라고, 누군가 말했다

하늘이 너울지는 상상을 했다
너울의 결 따라 춤추는
돌고래, 유람선, 무지개 같은 것들이
아름다워서
그림을 그렸다 가장 새까만 저편에서도
선명한 게 있다
기억하고 싶어서

유화는 살아있다
유화를 그리는 일은 중요해
거친 붓끝에서 태어난 건 기다란 탯줄 경적을 울리고

살아있음을 느꼈다 유화의 배경에서
미끄덩한 것이 온몸을 덮칠 때

뾰족한 불씨
발자국이 오래도록
자취를 남겼다

낯선 냄새
잠에서 깬 유화의 표정으로부터

보이지 않아도 선명한 것들이
천천히 채색되고 있었다

눈을 깜박거린다 신호등이 바뀐다 멈추어야 할 때

의심하고 있다 의심에서 감은 눈은

반쯤
믿음을 갖게 한다

눈밭

아이는 눈밭에 앉아
하나둘 내리는 모양을 바라보고 있다
이것은 푸르고 저것은 붉다며
내겐 늘 하얗던 눈이
아이에겐 그렇지 않다며
터지는 꽃망울 저어도 본다
아이와 머리칼 폭폭 물들고
오색 빛 품으로
아이 따라 나도 팔을 올리고
저에게로 가,
폭- 들었다

봄꽃은 발아래, 눈밭 속에
숨 쉬고 있다고
아이가 말했다

눈은 그래서 봄빛이라고
동트면 꼭 활짝 나올 것이라고

그제야 나도 숨을 쉬었다
막혔던 숨을 툭 놓아두었다

산책

우리들의 기쁨은 언제 슬픔이 될지 몰라

길을 걸을 때는 지름길을 가지 않아
빙 둘러서는
천천히
아주 느린 길을 택하곤 해

너를 가장 오래
볼 수 있는 거리니까

심장에서 발뒤꿈치가
가장 멀어지는 거리니까

보폭을 줄이곤 해
초록 빨강의 벽돌 벽을
색깔 맞춰 걸어 보곤 해

여기 공원에서는
살찐 비둘기를
어디서든 볼 수 있지

뒤뚱거리는 몸짓에서
나는 행복을 찾고
너는 가느다란 눈을
더욱 반짝이며 뜨고

둘이서 팔짱을 하고
발을 맞춰서
나는 제자리였지

지름길을 택하지 않아
애써 멀리 돌아가곤 해

반갑지 않은 출구는 닫고만 싶지
나가서도 늘 들어갈 궁리를 하지

문밖의 나는 외롭고
너는 여전히
반짝이고 있을 거야

문고리를 부여잡고
기역자로 말린 모양으로

기쁨이 슬픔이 되는 과정에 대해 생각해
어쩌면 문턱의 일일지도 모를

사소한 발뒤꿈치의 일상 같은

복숭아

복숭아를 콱 깨물면
과즙이 콸콸
쏟아져 나오겠지

달콤한 향기가 입안을 온통
물들이면
코끝이 찌릿할 거야

찌릿한 내음은
심장의 두근거림으로 이어지지
사랑하고 미워하는 습관처럼

심장은 뛰고
마라톤은 멈추지 않아
도착지가 있어 통과하면 또다시 시작이야

복숭아를 입에 물고 뛴다, 털이 콕콕 찌르면

과즙이 흐르겠지
한쪽 정도의 사랑이 떨어지고 있겠지
복숭아 한쪽은 꼭 씹고 있을 거야

마라토너는 복숭아나무를 심었다
입안에 주렁주렁
찌릿한 내음에서

마라톤 이어달리기
어디를 가고 싶은 거야? 너는 말이야
우리는 말이야

도착지 무사통과 기원
과즙 터트리기
사랑하고 미워하는 습관처럼

심장은 라인에 서 있고

뿌리

갓 태어난 씨 하나
바람 따라 동구 지나
절벽서 뿌릴 내렸다

간혹 등줄기 땀방울 서리고
목마른 씨는 들이친 해풍을
헐떡이곤 했다

시퍼런 파도가 덮쳐
뿌리는 깎이고 꺾이어
하나 굽히지 않던 것은

이듬해 피운
들국화 한 송이었다

비의 열매

밤 비가 대지를 적신다

무거운 눈물 이고 가던
소녀가
물새마냥 지저귄다
부푼 눈두덩이 빗물을 타고 간다

더는 절뚝이지 않아도 괜찮다는
안도를 뱉고 소녀는
한풀 가벼워진 옷가지를
매만지고 있다

소라처럼 고부라진 옷깃을
치켜세울 때면
비의 음흡은 한 뼘 더 친밀해진다

소리가 빛나기 시작하면
순백의 열매 자랄 것이다

풍경처럼 비속에 서 있다
손끝을 말아 올리고서

밤새 비가 내리고 있다

인생

"나 오늘 송정 바닷가에 나왔어
왜긴 바람 쐬러
얼마나 시원하고 좋은지 몰라"

바다 같은 웃음이
찬란히
부서지고 있다
튼살 사이로
비집고 피운 허연 꽃 한 대
햇살이 웅크리고 앉아 있다

바스락 바스락
백사장 소리
나 여기 있다는
숨, 소리

희미한 그러나 아름다운 사랑의 기억들

황정산 (시인, 문학평론가)

1. 들어가며

인간은 기억의 동물이다. 한 사람의 정체성은 그가 기억하는 것으로 구성된다. 내가 누구인가, 라는 질문은 내가 과거에 한 일들을 기억하는 지금 나의 인식에 의해서 답해질 수 있다. 글쓰기란 바로 이 기억의 확대이고 심화이다. 특히 일인칭의 장르인 서정시는 시인의 기억 속에 숨겨진 자신의 삶과 꿈을 재현하는 작업이다.

하지만 "변하지 않으면 살아남을 수 없다."는 말이 있을 정도로 지금 우리는 변화의 시대에 살고 있다. 하루가 다르게 새로운 문물이 생겨나고 거기에 적응하지 못하면 시대에 뒤쳐질 수밖에 없는 것이 지금의 현실이다. 이런 변화 속에서 사라지는 것 또한 그만큼 많아지는 것은 당연한 일이다. 그동안 우리가 사용했던 많은 것들이 불필요해지고 우리가 알고 있었던 것이 의미 없어지고 그간 살아왔던 방식이 낡고 불편한 것이 되어 버렸다. 우리의 기억 역시 이 변화의 속도로 지워지고 있다.

흔히 시를 "새로운 언어"라고 정의한다. 이러한 변화의 시대에 시 역시 새로운 감수성으로 시대를 앞서 가야 한다는 것은 모든 시인들에게 요구되는 책무 같은 것이기도 하다. 하지만 꼭 시대를 앞서 변화를 이끄는 것만이 새로운 것은 아니다. 새로운 것이란 지금은 없는 것을 말한다. 그런데 지금 없는 것들은 계시처럼 갑자기 주어지는 것이 아니라, 사실은 잊혀지고 사라진 것들이 다시 부활하고 환기되는 경우가 대부분이다. "이 땅에 새로운 것은 없다."는 말이 있듯이 새로운 것이란 사실 있었던 것을 새롭게 다시 발견하는 것이기도 하다.

여기 실린 이경선 시인의 시들은 바로 이 기억의 산물이다. 시인은 자신이 경험했던 과거의 기억을 애써 떠올려 사라지고 있거나 사라져 이미 없어진 것들을 다시 불러낸다. 그리고 그 희미해져 가는 아름다운 시절을 안타까운 시선으로 기록한다. 그가 무엇을 기억하고 싶은지 좀 더 자세히 살펴보자.

2. 사라져 가는 것들의 아름다움

이경선 시인에게 아름다운 것들은 사라져 가기 때문에 아름답다. 가령 다음과 같은 시에서 그것을 확인할 수 있다.

밤하늘 은하수가 하얗게 피었다

너울지는 밤바다에서
단 하나 떠오른 것은
당신이란 별
점멸과 함께
개망초는 꽃대를 올렸다

반딧불이 재잘재잘
속삭이는 거리에서
머나먼 은하수 타고 온 노래
밤하늘에 울리는
투명한 연가戀歌

소년이 소녀에게

써내려간 문장엔 마침표가 없다
밤은 온통 수군거리고
발그레 번지는 꽃내음
깜빡이는 소녀의 눈동자

소년은 소녀의 꽃말을 흐르고 있었다
-「연애편지」 전문

"연애편지"라는 말은 사라져 가는 말 중 하나이다. 아무도 이제 연애편지를 쓰지 않기 때문이다. 자신의 사랑의 마음을 한 자 한 자 깨알 같이 손글씨로 적어 그것을 상대에게 전달하는 이런 식의 사랑 고백은 지금 같은 정보통신 사회에서 찾아보기 힘들다. 간단한 문자나 이모티콘으로 자신의 생각과 느낌을 전달하는 것으로 충분한 그런 사회가 된 것이다. 뿐만 아니라 이 시에 등장하는 "반딧불", "은하수"도 사라져 가는 것들이다. 이제 반딧불은 아주 먼 시골에서나 관찰할 수 있고, 우리가 사는 도시에서 밤하늘에 은하수는 사라진 지 오래이다. 시인은 이 사라져 가는 것들을 되돌리려고 한다. 하지만 지금은 없기에 "소년이 소녀에게" 연애편지를 쓰던 과거의 기억 속으로 돌아

간다. "써내려간 문장엔 마침표가 없다"는 말은 바로 이 과거의 기억이 사라지지 않기를 바라는 시인의 마음의 반영이다.

다음 시는 이런 사라져 가는 것들에 대해 좀 더 감각적으로 표현하고 있다.

계절 뒤 찬 바람 불고
장롱 속 이불을 턴다

툭툭 떨어지는 것은
먼지만이 아니다

지난밤 밤하늘 맺힌 저
빛나는 이름과
당신의
머리칼, 말씨, 투정 같은 것들이

툭툭 떨어지고
찬 하늘, 손톱달
덩그러니

뒤뜰 낙엽들 쓱쓱
바람 따라 보내

손톱달 아래 나도

혼자, 반쯤
섰다
-「이불갈이」 전문

이불을 털거나 이불을 가는 것은 한 때가 지나가고 있음을 보여주는 것이다. 이불에 묻어 있는 "당신의 머리칼"을 털 듯 당신과 나누었던 대화나 둘 사이에 있었던 기억들이 함께 바람 따라 사라져 가고 만다. 이것들은 시간의 흐름 속에서 먼저처럼 흩어져 없어지겠지만 시인은 그것들을 안타깝게 붙잡고 싶어 한다. 그래서 이 모든 것들이 "밤하늘에 맺힌 저 / 빛나는 이름"으로 기억되기를 바라고 있다. 그래서 시인은 이 모든 사라져 가는 것들에게 "손톱달"이라는 아름다운 이미지를 부여한다. 먼지처럼 털어버리면 사라지고 말 사랑의 순간이 손톱달이라는 이미지를 얻는 순간 그것은 아름다운 기억으로 영원히 존재하게 되는 것이다. 시가 만들어 낼 수 있는 마술이 바로 이런 것이다.

다음 시는 기억하기로서의 시 쓰기를 좀 더 잘 확인시켜 준다.

붉게 성긴 구름
타들어가는 모양으로
기우는 것은
당신에게 내가
쏟아지는 일과 다르지 않다

가지 끝 걸린 채로
시끄럽게 죽어간 매미처럼
뱉어내지 못한 마음도
낙조 앞에 침묵으로 소란하다

불타는 등선과
숨죽인 신음은 모두
사랑의 자취를 띠고 있다.
-「당신의 자취」 전문

시인은 사랑하는 당신에 대한 마음을 가지 끝에 걸린 채 "죽어간 매미"나 한 순간 아름다움을 발하다 곧 사라질 운명을 가지고 있는 "낙조"로 표현하고 있다. 그래서 사랑은 사건이나 결실로 남은 것이 아니라 다만 "사랑의 자취"로 남아 있게 된다. 이경선 시인의 시들은 바로 이 사랑의 자취를 찾아가는 여정의 기록이다. 하루의 시간이 변하여 하늘이 낙조로 물들 듯 세상이 변하고 사랑도 변한다. 이 변화 속에서 아름다운 순간들은 사라져 간다. 하지만 어떤 순간은 우리에게 흔적을 남긴다. 이 아름다운 순간의 흔적을 기록하고 "당신의 자취"를 찾는 일 그것이 바로 이경선 시인이 시를 쓰는 이유이기도 하다.

3. 기억 속의 기억

이경선 시인의 시들에는 자주 이중의 기억이 등장한다. 기억 속의 기억이고, 기억을 기억하기이다. 다음 시가 이를 잘 보여준다.

엄마 처녀 적 명동

단골집 다방 창가는
엄마 따라 나이를 먹었다

나무창은 곳곳이 상처투성이
지나온 세월
엄마 손 잡힌 것만치 많다

모진 풍파 견뎌 지켜왔나 보다
엄마처럼
오랜 동무 위해 기다렸나 보다

맛이 옛적과 같다고
식기도 그날 고것이라고
엄만 환히 웃고 덩달아 나도 웃었다

삐거덕 창문도 웃고
너머 산들바람은
한가롭기만 하다

창 아래 괭이 저 작은 몸도
다 자라 새끼 밸 때 있겠다

그날도 바람 불면 좋겠다
빼거덕 소리 들려오면 좋겠다
-「가무 다방」 전문

이 시 속에서 나오는 나의 기억은 내가 한 기억이기도 하지만 내 기억 속의 엄마의 기억이기도 하다. 시인은 명동의 오래된 다방에 가서 자신의 어머니와 함께 왔던 기억을 떠올린다. 그런데 그 기억을 채우는 것은 그때 어머니가 자신에게 했던 본인의 기억에 대한 말들이다. "맛도 옛적과 같"고 "식기도 그날 고것이라"는 선명한 어머니의 기억을 시인은 자신의 기억을 통해 우리에게 전해주고 있다. 이렇게 타인의 기억을 자신의 기억으로 만드는 것은 그 사람과 자기를 일치시키는 일이고 그에게 자신이 동화되는 일이기도 하다. 그것은 사랑의 가장 지극한 단계가 아닐까 한다. 그런 사랑을 확인하는 순간을 시인은 "삐거덕 창문도 웃고 / 너머 산들바람은 / 한가롭기만 하다" 고 하여 아름답고 평온한 시간으로 묘사하고 있다. 어머니의 기억을 기억해 주는 것이야말로 시인에게는 어머니에 대한 가장 큰 사랑의 실천인 셈이다.

이런 기억 속의 기억하기는 더 먼 과거까지도 진

행된다.

시장서 할매 맴돌던
꽃신 장수 매화, 백합 수놓던
꽃신 가게

꽃신이었겠다, 울 할매
봄, 여름 꽃망울 따라
봉긋하였겠다

길 따라 고갤 넘어가는 중
붉은 철쭉 저 자태 뽐내고

넘어가는 걸음이 사뭇
느리길 바란 것은
여기 지나는 시절 때문이고

지나도 저 따라 곱기만을
바라기도 하였다

삐죽 든 앞코 봉긋한 자태

저 시절 노래하고
활짝 오른 젊음은 향긋도 하여

발그레 꽃신 신고 뛰어본다
걸음이 사뭇 가볍기도 하다
-「꽃신」 전문

시인은 시장 좌판에서 팔리고 있는 꽃신을 보며 자신의 할머니를 떠올린다. 그리고 그 할머니가 기억했을 과거 속으로 따라 들어가 본다. 거기에는 꽃신을 신고 즐거워하던 젊은 시절의 할머니가 있다. 꽃신의 "삐죽 든 앞코"처럼 "봉긋한 자태"를 가진 할머니가 자신의 "활짝 오른 젊음"을 향긋한 기억으로 추억하고 있다. 하지만 이 모두는 다 사라져 가는 시간을 피할 수 없다. 시인은 이 사라져 가는 시간을 "발그레 꽃신 신고 뛰어본다"라는 나이에 어울리지 않는 행동을 통해 기억해 두고자 한다. 그것은 이 아름다운 시간을 되살리고 기억하려는 제의이기도 하다. 이 제의를 통해 시인은 "걸음이 사뭇 가볍기도 하"게 느껴지는 삶의 활력을 회복한다. 기억이 우리에게 주는 어떤 힘을 확인할 수 있는 대목이다.

하지만 기억을 붙잡는다는 것은 슬픈 일이기도 하다. 그것은 어찌됐든 사라져 갈 운명을 피할 수 없기 때문이다.

가을이 지나는 길엔
마지막 단풍이 영글어 있어
가을밤엔
서성이는 마음이 있다

노인은, 허연 숨 피워내는 노인은
기다란 빗자루 들고
커다란 봉투 하나 메고
밤중을 걷고 있다

앞으로, 앞으로
쏟아지는 양 걸어가고
단풍도 하나둘 노인에게 쏟아지어
노인은 함빡 단풍에 들었다

봉투에도 얼굴에도
단풍이 한창이다

노인의 품엔 아직 가을이 있다

송시를 불러본다
지나온 걸음 잊지 않게
새하얀 송시 한 편 불러본다

서성이는 마음들에게
노인의 우거진 단풍들에게
노래를 바친다

잔향이 물든 십일월의 밤에
뭉근한 숨 한 톨 피워내어
-「십일월의 밤」 전문

전체적으로 쓸쓸한 분위기의 시이다. 이 쓸쓸함은 시간에서부터 온다. 십일월은 한 해가 저무는 시간이다. 그 시절 그것도 저무는 밤에 한 노인이 낙엽을 쓸며 서성이고 있다. 풍경에도 노인에게도 모두 단풍이 함빡 들어 있다. 시인은 이것을 보고 노인이 시간을 애써 붙들고 있는 안타까운 노력을 하고 있다고 생각한다. 곧 이어 겨울이 오고 단풍든 낙엽도 모두 사라져 가듯이 노인도 생을 마감할 것이다. 겨울이 오기 전 십일월의 늦가을 밤과 곧 자신의 생을 마감해야 할 노인의 모습을 병치시켜 아름답지만 쓸쓸한 이미지를 우리에게 보여주고 있다. 시인은 바로 이 사라지는 것들에게 "새하얀 송시 한 편"을 불러준다. 이경선 시인의 시 쓰기가 바로 사라져 가는 것들을 기억하는 것임을 다시 한 번 확인하게 된다.

다음 시의 기억은 과거가 아닌 미래로 향해 있다.

아이는 눈밭에 앉아
하나둘 내리는 모양을 바라보고 있다
이것은 푸르고 저것은 붉다며
내겐 늘 하얗던 눈이
아이에겐 그렇지 않다며
터지는 꽃망울 저어도 본다
아이와 머리칼 푹푹 물들고
오색 빛 품으로
아이 따라 나도 팔을 올리고
저에게로 가,
폭- 들었다

봄꽃은 발아래, 눈밭 속에
숨 쉬고 있다고
아이가 말했다

눈은 그래서 봄빛이라고
동트면 꼭 활짝 나올 것이라고

그제야 나도 숨을 쉬었다
막혔던 숨을 툭 놓아두었다
-「눈밭」 전문

이 시에 등장하는 기억은 아이의 기억이다. 시인은 아이와 함께 눈밭에서 놀던 추억을 떠올리고 있다. 하지만 이 시의 주인공은 내가 아니라 아이이다. 아이는 눈을 보고 봄꽃을 생각하고 눈의 모습에서 봄빛을 떠올린다. 아이의 기억 속의 봄이 그것을 가능하게 했을 것이다. 아이는 눈이 오면 봄이 온다는 것을 경험을 통해 알고 있기 때문이다. 그런데 이런 아이의 기억은 위의 어머니나 할머니의 기억과 달리 쓸쓸하지 않다. "막혔던 숨을 툭 놓아두"게 하는 희망의 힘을 보여준다. 사라져야 가는 과거가 아니라 다가올 미래로 향해 있기 때문이다.

4. 맺으며

이경선 시인의 시는 우리로 하여금 기억을 떠올리게 한다. 우리의 기억 속에 남아있는 희미한 자취들을 찾아서 아름다운 이미지로 재현해주는 그의 시들을 읽으면 우리가 얼마나 소중한 것들을 잊고 또 지우며 살고 있는지를 깨닫게 된다. 또한 그의 시들은 나 아닌 다른 사람의 기억까지도 기억하게 만들어 사람과 사람을 기억으로 연결하는 사랑의 힘을 보여주기도 한다. 그의 시를 읽으면 아름답지만 쓸쓸하다. 그의 시는 사라져 갈 운명을 가진 것들을 안쓰럽게 붙잡고 있기 때문이다. 하지만 이 슬프고도 아름다운 추억이 언어의 옷을 입고 시와 노래로 불려 질 때 그것은 희망으로 전환되리라고 우리는 믿는다.

소리가 빛나기 시작하면
순백의 열매 자랄 것이다
-「비의 열매」 부분

이 시집의 시어들이 빛나는 소리로 울려 우리들 마음속에 "순백의 열매"라는 아름다운 기억으로 남기를 바란다.

소란이 소란하지 않은 계절

개정증보판 1쇄 인쇄 2026년 1월 12일
개정증보판 1쇄 발행 2026년 1월 26일

지은이 이경선

펴낸이 이장우
책임편집 송세아
제작 안소라
관리 김한다 한주연
인쇄 KUMBI PNP
일러스트 이지원

펴낸곳 도서출판 꿈공장플러스
출판등록 제 406-2017-000160호
주소 서울시 성북구 보국문로 16가길 43-20 꿈공장 1층

이메일 ceo@dreambooks.kr
홈페이지 www.dreambooks.kr
인스타그램 @dreambooks.ceo

전화번호 02-6012-2734
팩스 031-624-4527

꿈공장플러스 출판사는 모든 작가님의 꿈을 응원합니다.
꿈공장플러스 출판사는 꿈을 포기하지 않는 당신 곁에 늘 함께하겠습니다.

ISBN 979-11-24181-08-9
정가 14,000원